# Vorwort

Smoothies sind wahre Kraftbomben. Sie bestehen aus einer Vielzahl von Vitaminen, Enzymen, Ballaststoffen und Mineralstoffen. Auch Zutaten wie gestoßenes Eis, Milchprodukte, Nüsse, Kräuter und Gewürze bringen einen besonderen Kick, sind gesund und stärken das Immunsystem.
Neuerdings werden häufig Blattsalate, Kohlsorten, junge Blätter von Sträuchern und Bäumen oder auch Wildkräuter für
Smoothies verwendet. Man hat erkannt, dass diese Zutaten eine ganz besondere Wirkung auf uns haben und nicht nur das Immunsystem stärken, sondern auch verjüngend und straffend wirken.

Der Thermomix ist für die Zubereitung von Smoothies besonders geeignet, da das Messer sehr scharf ist und der Mixtopf sehr stabil ist.

Ich wünsche Ihnen viel Spaß beim Mixen.

Herstellung und Verlag:
BoD - Books on Demand, Norderstedt
ISBN 978-3-7357-4081-6

1

# Inhaltsverzeichnis:

## *Probiotischer-Frühstücks-Smoothie*

Zutaten
4 Datteln                    150 g TK-Himbeeren
350 g probiotischer
Joghurt
1 EL Weizenkeime        1 EL Mandelmus
1 Prise Vanillepulver

Zubereitung
Die tiefgefrorenen Himbeeren in den Mixtopf
geben. Auf Stufe 5/30 Sekunden zerstossen.
Nun die übrigen Zutaten hinzufügen. Auf
höchster Stufe 1 Minute mixen.

## Banane-Erdbeer-Verführung

Zubereitung

| | |
|---|---|
| 500g Erdbeeren | 1 Vanilleschote |
| 500 ml kalte Buttermilch | 50g Honig |
| 2 Bananen | |

Zubereitung
Die Bananen schälen und zusammen mit den Erdbeeren in den Mixtopf geben. Alle anderen Zutaten ebenso in den Mixtopf geben. Auf höchster Stufe 1 Minute mischen. Danach nochmals 1 Minute auf Stufe 5, damit alles schön sämig wird.

### *Aprikosen-Träumerei*

Zutaten

| | |
|---|---|
| 500 g Aprikosen | 3-4 Bananen (ca. 400 g) |
| 30g Zitronensaft | 500 g Dickmilch |
| 250 ml Orangensaft | |
| 50 ml flüssiger Honig | |

Zubereitung
Die Aprikosen waschen, zerteilen und entkernen.
Die Banane schälen und zusammen mit den
Aprikosen in den Mixtopf geben. Alles auf
höchster Stufe 30 Sekunden mischen. Nun die
übrigen Zutaten einwiegen. Alles auf Stufe 5 / 1
Minute mischen.

## Goldener-Kiwi-Smoothie

Zutaten

2 Bio-Limetten  16 Litschis

4 Kiwis  4 Scheiben frische
Ananas

200g Apfelsaft  50g Zucker

12 kleine Blätter
frische Minze

Zubereitung

Die Limetten pressen und den Saft in den Mixtopf geben. Die Litschis schälen und entkernen, sowie die Kiwis schälen und in den Mixtopf geben. Alle übrigen Zutaten hinzufügen und auf höchster Stufe 2 Minuten mischen.

## *Vanille-Mango-Verführung*

Zubereitung
| | |
|---|---|
| 1 reife Mango | 1 Vanilleschote |
| 500 ml kalte | |
| Buttermilch | 50g Honig |
| Eine Prise | |
| Zimt | |

Zubereitung
Die Mango zerteilen, schälen und entkernen. Alle Zutaten in den Mixtopf geben. Auf höchster Stufe 1 Minute mischen. Danach nochmals 1 Minute auf Stufe 5, damit alles schön sämig wird.

## *Ingwer-Kokos-Lassi*

Zutaten
1 Stück frischer
Ingwer (etwa 4 cm)          350 ml Kokosmilch
500 g Joghurt               1 Prise gemahlener
                            Koriander
80g Zucker                  20 Eiswürfel

Zubereitung
Ingwer in den Mixtopf geben und 30 Sekunden
auf Stufe 5 zerkleinern. Nun die übrigen Zutaten
einwiegen. Alles 1 Minute auf höchster Stufe
zerkleinern. Nochmals auf Stufe 2 / 1 Minute
sämig rühren.

## _Würziger-Nuss-Smoothie_

Zutaten

| | |
|---|---|
| 10 Walnüsse | $\frac{1}{2}$ Birne |
| 1 säuerlicher Apfel | 20g Limettensaft |
| 150g fettarme Milch | 100g Joghurt |
| 30g Ahornsirup | 1g Zimtpulver |
| 10 Eiswürfel | |

Zubereitung

Die Walnüsse in den Mixtopf geben und 15 Sekunden auf Stufe 5 zerkleinern. Nun den Apfel und die Birnenstücke hinzugeben. Alles auf höchster Stufe 20 Sekunden mixen. Die übrigen Zutaten hinzugeben. Auf höchster Stufe 2 Minuten mischen.

## *Schoko-Mango-Verführung*

Zubereitung

| | |
|---|---|
| 1 reife Mango | 1 Vanilleschote |
| 500 ml kalte | |
| Buttermilch | 50g Honig |
| Eine Prise | 50g Kakao |
| Zimt | |

Zubereitung
Die Mango zerteilen, schälen und entkernen. Alle
Zutaten in den Mixtopf geben. Auf höchster
Stufe 1 Minute mischen. Danach nochmals 1
Minute auf Stufe 5, damit alles schön sämig wird.

## *Grünes Powerpaket*

Zutaten

| | |
|---|---|
| 2 grüne Äpfel | 1 kleine Handvoll Sauerampfer |
| 100g Löwenzahn | 50g Weißer Gänsefuß |
| 500g Joghurt | 30g Honig |

Zubereitung
Alle Zutaten in den Mixtopf geben. Auf höchster Stufe 1 Minute mischen. Nochmals 2 Minuten auf Stufe 2 sämig rühren.

## *Schlingel in Grün*

Zutaten
6 Birnen                    2 Bananen
1 Limette
100g Spinat
30g Minze                   500 g Wasser

Zubereitung
Die Limette auspressen und in den Mixtopf geben.
Birnen schneiden und entkernen, die Bananen
schälen. Alle Zutaten in den Mixtopf geben und
auf höchster Stufe 2 Minuten mischen.

## *Grüner Muntermacher*

Zutaten
| | |
|---|---|
| 1 Apfel | 1 kleine Birne |
| 250g Weintrauben | 150g Romanasalat |
| 100g Spinat | 1 TL Zimt |
| 250 ml Wasser | |

Zubereitung
Den Apfel schälen und zerkleinern. Die Birne
ebenfalls schälen und zerkleinern. Alles mit den
übrigen Zutaten zusammen in den Mixtopf geben.
Auf höchster Stufe 1 Minute zerkleinern.
Nochmals auf Stufe 2/ 1 Minute sämig rühren.

## *Melonen-Smoothie*

Zutaten
| | |
|---|---|
| 200g Wassermelone | 30g Limettensaft |
| 40g Ahornsirup | |
| 180g Mineralwasser | 5 Eiswürfel |

Zubereitung
Die Melone schälen und zerkleinern. Mit den übrigen Zutaten in den Mixtopf geben. Erst auf höchster Stufe 30 Sekunden zerkleinern. Danach nochmals 1 Minute auf Stufe 2 rühren.

## *Kiwi-Bananen-Smoothie*

Zutaten

| | |
|---|---|
| 3 Kiwis | 1 reife Banane |
| 50g Ahornsirup | 250 ml Birnensaft |
| 250 ml Mineralwasser | |

Zubereitung
Kiwis schälen und zerkleinern. Die Banane schälen und zusammen mit allen anderen Zutaten in den Mixtopf geben. Auf Stufe 5/2 Minuten mixen.

## *Melonen-Orangen-Verführung*

Zutaten

| | |
|---|---|
| 1/2 cm Ingwer | 250g Melone |
| 1 Orange | 50g saure Sahne |
| 30g Zitronensirup | 30g Honig |

Zubereitung

Orange und Melone schälen und in den Mixtopf geben. Die übrigen Zutaten hinzufügen. Alles auf höchster Stufe 1 Minute mixen.

## Minz-Mango-Smoothie

Zutaten
1 Mango
200 ml
Pfefferminztee

½ Orange

50g brauner
Vollrohrzucker

50g griechischer
Sahnejoghurt

50g frische Minze

Zubereitung
Mango und Orange schälen und in den Mixtopf geben. Die Minze hinzufügen. Alles auf höchster Stufe 30 Sekunden mischen. Nun die übrigen Zutaten hinzugeben und nochmals 1 Minute auf Stufe 5 mischen.

## *Berry-Smoothie*

Zutaten

| | |
|---|---|
| 100 g Johannisbeeren | 100 g Brombeeren |
| 1 Banane | 100g Zitronenlimonade |
| 20 Eiswürfel | |

Zubereitung
Alle Zutaten in den Mixtopf geben. Auf Stufe 5 /
2 Minuten mischen. Danach nochmals 1 Minute
auf Stufe 2 cremig rühren.

## *Tomaten-Möhren-Traum*

Zutaten

| | |
|---|---|
| 3 Möhren | 1 TL Petersilie |
| 20 g Weizenkleie | 100 g Sahne |
| 250 ml Tomatensaft | 50g Zitronensaft |
| 50g Rohrohrzucker | |

Zubereitung

Die Möhren schälen und in den Mixtopf geben. 1 Minute auf höchster Stufe schreddern. Jetzt die übrigen Zutaten hinzufügen. Auf Stufe 5 / 2 Minuten sämig rühren.

## *Grüner Frühlings-Smoothie*

Zutaten

| | |
|---|---|
| 1 Grapefruit | 2 Stangen Staudensellerie mit Blättern |
| 1 Bund Petersilie | 500 ml Wasser |
| 1 Prise Salz | |

Zubereitung
Grapefruit schälen und zerkleinern, sowie in den Mixtopf geben. Sellerie hinzufügen. Auf Stufe 5 / 1 Minute zerkleinern. Die übrigen Zutaten hinzugeben. Auf höchster Stufe 1 Minute rühren.

## *Birnentraum in Preiselbeerschaum*

Zutaten

5 Birnen                  100 g Preiselbeeren

100g Rucola               500 ml Wasser

Zubereitung

Die Birnen in Stücke schneiden und in den Mixtopf geben. Die übrigen Zutaten hinzufügen. Auf höchster Stufe 2 Minuten rühren.

## *Sommergefühle*

Zutaten

| | |
|---|---|
| 20g Leinsamen | 100 ml Wasser |
| 3 große Pfirsiche | 350 g rote Stachelbeeren |
| 80g Romanasalat | 20g Minze |

Zubereitung
Die Stachelbeeren waschen und die Stiele entfernen. Zusammen mit den anderen Zutaten in den Mixtopf geben. Auf höchster Stufe 1 Minute mischen. Danach nochmals auf Stufe 5/30 Sekunden.

## *Grüner Creme-Smoothie*

Zutaten

| | |
|---|---|
| 2 Bio-Orangen | 1 mittelgroße Banane |
| 1 Avocado | 1 Stange Staudensellerie |
| 50g Rote-Bete-Blätter | 50g Spinat frisch |
| 250 ml Wasser | |

Zubereitung

Die Früchte schälen und in den Mixtopf geben.
Die übrigen Zutaten hinzugeben. Auf höchster
Stufe 1 Minute mischen. Nochmals 2 Minuten auf
Stufe 2 cremig rühren.

## Bananen-Hafer-Smoothie

Zutaten

1 Banane

50g Haselnüsse

150 g Joghurt

50g Haferflocken

150 ml Ananassaft

Zubereitung

Die Banane schälen und in den Mixtopf geben. Die übrigen Zutaten hinzugeben. Alles auf Stufe 5/ 1 Minute mixen. Auf Stufe 2 nochmals 1 Minute schaumig schlagen.

## _Mango-Mandarinen-Traum_

Zutaten

| | |
|---|---|
| 1 Mango | 3 Mandarinen |
| 300 g Joghurt | 50g Rohrohrzucker |
| 10 Eiswürfel | 60g Sahne |

Zubereitung
Mango und Mandarinen schälen und in den
Mixtopf geben. 30 Sekunden auf höchster Stufe
zerkleinern. Nun die übrigen Zutaten einfügen.
Auf Stufe 5/ 1 Minute mischen. Nochmals 30
Sekunden auf Stufe 2 sämig rühren.

## Colada-Himbeer-Smoothie

Zutaten

| | |
|---|---|
| 2 Limetten | 450 g Himbeeren |
| 225 g Ananassaft | 300 g Naturjoghurt |
| 400 g Kokosmilch | 50 g flüssiger Honig |
| 10 Eiswürfel | |

Zubereitung
Die Limetten pressen und den Saft in den
Mixtopf geben. Die übrigen Zutaten einwiegen.
Auf höchster Stufe 2 Minuten mischen.
Nochmals 30 Sekunden auf Stufe 2.

## *Exotische Verführung*

Zutaten

| | |
|---|---|
| 200 g Ananassaft | 200 g Orangensaft |
| 50 g Sahne | 50 g Kokosmilch |
| 100g Ananas (Dose) | 2 Physalis |
| 10 Eiswürfel | 30g Honig |

Zubereitung
Alle Zutaten in den Mixtopf einwiegen. Auf Stufe
5 / 2 Minuten mixen.

## Erdbeer-Basilikum-Smoothie

Zutaten

| | |
|---|---|
| 1 Bund Basilikum | 500 g Erdbeeren |
| 375 g Joghurt | 50 g Erdbeersirup |
| 200 ml Mineralwasser | |

Zubereitung
Den Mixtopf auf Stufe 5 stellen und den Mixbecher entfernen. Das Bund Basilikum ins offene Messer fallen lassen. Die übrigen Zutaten hinzufügen. Auf höchster Stufe 2 Minuten mixen.

## *Marzipan-Mohn-Traum*

Zutaten

| | |
|---|---|
| 3 EL Mohn | 400 ml Milch |
| 100 g Marzipan-rohmasse | |
| 150 g Sahnejoghurt | 50 g Amaretto |
| 30 g Zucker | |

Alle Zutaten in den Mixtopf einwiegen. Auf Stufe 5 / 1 Minute mischen. Nochmals 1 Minute auf Stufe 2 cremig rühren.

## *Erdbeer-Mandel-Smoothie*

Zutaten

| | |
|---|---|
| 50 g Haferflocken | 350 g Erdbeeren |
| 500 ml Buttermilch | 30 g Mandelmus |
| 30g Honig | 1 Prise Zimt |

Zubereitung
Alle Zutaten zusammen in den Mixtopf einwiegen.
15 Sekunden/Stufe 2. Danach auf Stufe 5/ 1
Minute mischen.

## *Erdbeer-Kokos-Liebe*

Zutaten

| | |
|---|---|
| 200 g Erdbeeren | 3 Orangen |
| 30 g Minze frisch | 40g Limettensaft |
| 100 ml Kokosmilch | 8 Eiswürfel |
| 50g Honig | |

Zubereitung

Die Orange schälen und in den Mixtopf geben. Die übrigen Zutaten hinzufügen. Auf Stufe 5/ 1 Minute mischen.

## *Aprikosen-Sanddorn-Smoothie*

Zutaten

| | |
|---|---|
| 30 g Haferflocken | 50 g Honig |
| 4 getrocknete Aprikosen | 250 g Aprikosen |
| 60g Sanddornsaft | 300 ml Molke |
| 10 Eiswürfel | |

## *Smoothie Indisch*

Zutaten
8 Minzeblätter
1/2 TL Kreuzkümmelsamen
1 Prise Salz                  300 g Joghurt
500 g Mineralwasser      1 Prise Zimt
1 Pck. Vanillezucker

Zubereitung
Alle Zutaten in den Mixtopf geben. Auf höchster
Stufe 1 Minute mixen.

## Saurer Apfel Smoothie

Zutaten

| | |
|---|---|
| 1 grüner Apfel | 1 Limette |
| 100 ml grüner Tee | 50g Krümelkandis |

Zubereitung
Die Limette pressen und den Saft in den Mixtopf geben. Den Apfel zerkleinern und ebenfalls in den Topf geben. Die übrigen Zutaten hinzugben. Auf höchster Stufe 1 Minute mixen.

## *White Chocolate Traum*

Zutaten
| | |
|---|---|
| 100g Milch | 50g weiße Schokolade |
| 4 Aprikosen | 1 Butterkeks |
| 10 Eiswürfel | |

Zubereitung
Die Aprikosen entkernen und in den Mixtopf
geben. Die übrigen Zutaten einfügen. Auf Stufe
5/ 1 Minute zerkleinern. Nochmals 30 Sekunden
auf Stufe 2 cremig rühren.

## Amarettini-Erdbeer-Smoothie

Zutaten

| | |
|---|---|
| 8 Amarettini | 150 g Erdbeeren |
| 100g Naturjoghurt | 100g Mascarpone |
| 20g Mandelmus | 10 Eiswürfel |
| 1 Prise Zimt | |

Zubereitung

Alle Zutaten in den Mixtopf einwiegen. Auf höchster Stufe 1 Minute mischen. Danach nochmals 30 Sekunden auf Stufe 2 schaumig schlagen.

## Green-Day

Zutaten
| | |
|---|---|
| 1 Orange | 1 Limette |
| 1 Apfel | 200 ml Kefir |
| 50g Waldmeister- | |
| sirup | 10 Eiswürfel |

Zubereitung
Die Orange schälen und in den Mixtopf geben.
Die Limette pressen und den Saft hinzugeben.
Die übrigen Zutaten einfügen. Auf Stufe 5/2
Minuten mischen.

## *Mokka-Smoothie*

Zutaten

| | |
|---|---|
| 1 Banane | 300g Filterkaffee kalt |
| 300g Milch | 4 Kugeln Schokoeis |
| 10 Eiswürfel | 20g Kakaopulver |
| 20g Sahne | |

Zubereitung
Die Banane schälen. Die übrigen Zutaten einwiegen. Auf höchster Stufe 90 Sekunden mixen.

## *Purple-Dream*

Zutaten
1 Kugel Zitronensorbet    150 g Heidelbeeren
50g Joghurt               20g Limettensirup
10 Eiswürfel

Zubereitung
Alle Zutaten in den Mixtopf einwiegen. Auf Stufe
5/ 1 Minute mischen. Nochmals 30 Sekunden auf
Stufe 2.

## *Nashi-Birnen-Smoothie*

Zutaten
1 Nashi-Birne               1 Zitrone
50g Orangen-
blütenwasser                20g Limettensirup
10 Eiswürfel

Zubereitung
Nashi Birne zerteilen. Die Zitrone pressen. Alle
Zutaten in den Mixtopf geben. Auf Stufe 5/1
Minute mixen. Nochmals 30 Sekunden auf Stufe
2.

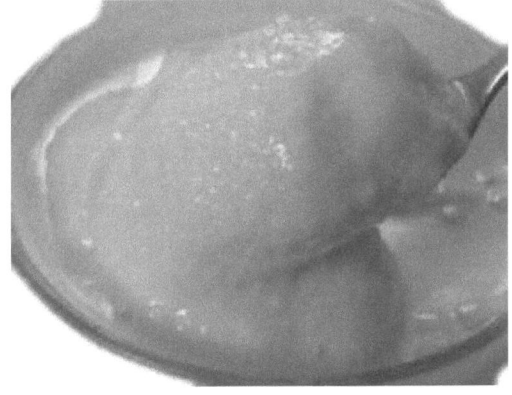

## *Sesam-Joghurt-Smoothie*

Zutaten

| | |
|---|---|
| 20g Sojaflocken | 2 Grapefruits |
| 500 g Sojajoghurt | 20g Tahin |
| 50g Honig | 1 Prise Zimtpulver |
| 1 Msp. Nlelke | |
| gemahlen | |

Zubereitung

Die Grapefruits schälen und zerkleinern. Alle Zutaten in den Mixtopf geben. Auf höchster Stufe 1 Minute mixen. Nochmals 30 Sekunden auf Stufe 5.

## *Pink-Banana-Smoothie*

Zutaten

| | |
|---|---|
| 1 Banane | 1 Stück Vanilleschote |
| 50 ml Rote-Bete-Saft | 150 ml Granatapfelsaft |
| 100g gefrorene Himbeeren | |

Zubereitung
Die Banane schälen und in den Mixtopf geben. Die anderen Zutaten einwiegen. Alles auf höchster Stufe 1 Minute mixen. Nochmals 30 Sekunden auf Stufe 5.

## *Rhabarber-Smoothie*

Zutaten
10 Eiswürfel
300g Rhabarber-
kompott                       100g Erdbeeren
50g Himbeeren                 100g Joghurt

Zubereitung
Alle Zutaten in den. Mixtopf geben. Auf höchster
Stufe 1 Minute mixen. Nochmals 30 Sekunden
auf Stufe 5.